Manual para diseñar talleres de habilidades

Una estrategia para enseñar a hacer

Gleyvis Coro Montanet

DEDICATORIA

A mis compañeros de la docencia médica
en Cuba y España.
A mis alumnos cubanos.
A mis compañeros de la Universidad Europea.
A Pili.
A Mailín.
A la SESSEP.

CONTENIDO

AGRADECIMIENTOS

A Carmen Gomar,
por todas sus aportaciones
para la realización de este libro,
por el regalo de su vida ejemplar.

PRÓLOGO

Es para mí una enorme satisfacción prologar este *Manual para diseñar talleres de habilidades. Una estrategia para enseñar a hacer,* de la Profesora Gleyvis Coro Montanet, por el respeto y afecto que me une con la autora, pero, sobre todo, porque estoy convencida de la oportunidad y utilidad de esta pequeña obra para los docentes de grado.

Muchos de los que aplicamos simulación como metodología para enseñanza y entrenamiento de estudiantes de grado hemos hecho el recorrido con incerteza; aprendiendo mediante prueba-error, intentando comprender recomendaciones y herramientas que encontrábamos dispersas en la literatura y avanzando con conversaciones aclaradoras con otros colegas.

También muchos profesores que pretenden evolucionar a partir de una metodología docente "clásica", aburrida y poco eficiente, encuentran difícil incorporar la simulación porque les falta formación en esta metodología. A estos docentes tampoco les ayuda que no exista una descripción clara de los elementos diferenciales de la simulación aplicada a estudiantes de grado respecto a la simulación a nivel profesional.

La simulación a nivel de grado ha recibido mucha menos atención que la simulación compleja a nivel profesional; ésta última luce mucho más porque tiene una transferencia clínica más inmediata y, además, los participantes tienen capacidad de exigirla, mientras que a los estudiantes de grado se les puede aplicar su plan de estudios sin apenas simulación, perpetuando metodología docente de hace años, y no pasa nada.

Pero los estudiantes de grado deben "aprender a hacer", no solo porque en su profesión "harán", sino porque necesitan integrar el sentido que tiene aprender, con el resto de las metodologías.

Para facilitarnos el camino de aplicar la simulación al grado, con la concreción necesaria de cada uno de sus componentes, nos ha llegado ©MEDITHA, afortunado acrónimo obtenido a partir del título del manual.

©MEDITHA es una versificación de nomenclatura, de instrumentos y de procesos claramente expuestos, sobre todo, fáciles de comprender y aplicar por cualquier docente.

Puede bien constituir el manual de formación del profesorado en simulación de grado porque es fácil de leer, concreto y directo, sin brizna de lo que llamamos paja en las lecturas… En fin, un verdadero "tutorial" a seguir para la aplicación de talleres de habilidades. Especialmente útil para el docente no experto es el seguimiento -a través de un mismo ejemplo de la vida cotidiana- que se va arrastrando a lo largo del manual para hacer entender de una manera rápida, gráfica y familiar, el escalado de conceptos e instrumentos.

Como la autora establece, ©MEDITHA se basa en los modelos clásicos de formación orientados en el `aprender haciendo´ y en la metodología de la simulación. Sin embargo, ©MEDITHA tiene el gran atractivo de aplicar los ingredientes de la metodología de la simulación para tres combinaciones escaladas de dos elementos básicos y fáciles de identificar por cualquier docente: el nivel de experticia del alumno y la complejidad de la tarea a aprender.

Así se establecen tres zonas que precisan un diseño y una ejecución diferenciada en lo que respecta a la formulación de los objetivos, la preparación previa del alumno, el modo de ejecución del taller, los instrumentos de evaluación y la retroalimentación que se debe proporcionar al alumno.

No deben confundirse estas zonas ©MEDITHA con las del extendido modelo SimZones de *Boston Children's Hospital-Harvard Medical School*. ©MEDITHA y SimZones establecen modelos combinando básicamente los mismos parámetros. Este segundo abarca todo tipo de simulación y es adecuado para la formación avanzada de instructores de simulación, pero resulta innecesariamente complejo para docentes de grado que pretenden aplicar la simulación para "aprender a hacer" y a los que hay que facilitarles el cambio.

©MEDITHA está planteado para "talleres de habilidades", como se denomina mucha de la simulación del grado. Y aquí quiero recalcar que éste no es un género menor de simulación, sino que es la forma de simulación más eficiente en el grado, sobre todo en los primeros cursos.

Los talleres de habilidades no son puramente técnicos, son de procedimientos, situados en el nivel alto de las pirámides educativas de Miller y Dale. Tienen gran impacto en la seguridad del paciente, porque desarrollan la memoria visual, manual y sensorial, integrándolas a flujos de trabajo psicomotrices que contienen, a menudo, procesos cognitivos complejos. Para profundizar en el valor educativo de los talleres de habilidades recomiendo la lectura del artículo de la autora que figura como referencia bibliográfica del libro y la visualización de los tutoriales audiovisuales que suele compartir en su canal de YouTube.

En mi opinión, ©MEDITHA es altamente recomendable para la formación de profesores de grado de ciencias de la salud. Les será fácil de leer y no se aburrirán. Son sólo una treintena de páginas, pero qué cantidad de experiencia y práctica de la autora contienen. Gleyvis Coro ha dedicado mucho a la reflexión, discusión e interacción con docentes de simulación y yo he sido una de las beneficiarias de estas conversaciones de las que he aprendido y me he enriquecido mucho.

La autora ha puesto este Manual a disposición de toda la comunidad educativa de forma desinteresada. Los beneficios obtenidos con su publicación serán destinados a la ayuda de poblaciones desfavorecidas en situaciones de pandemia. ¡Podemos dar un salto colectivo a la simulación de grado con estas 30 páginas!

Carmen Gomar Sancho

Catedrática de Anestesiología y directora del Laboratorio de Habilidades Clínicas de la Universidad de Barcelona

Directora de la Cátedra de Simulación Clínica y Seguridad del Paciente de Universidad de Manresa UVICC

¿QUÉ ES ©MEDITHA?

©MEDITHA (Metodología para diseñar talleres de habilidades) acorta la brecha entre lo que se hace como aprendiz y lo que se deberá hacer para ser considerado experto.

©MEDITHA ayuda a diseñar talleres de habilidades mediante estándares de actuación, con tres zonas de aprendizaje bien identificadas para aplicar durante el entrenamiento experiencial de un alumno o grupos de alumnos con instructor.

Su teórica se asienta en modelos clásicos de formación basados en el `aprender haciendo', como los de Fitss y Postner (1), Burch (2) Ericcson (3) y Adams (4). Involucra las taxonomías clásicas de Bloom (5) y Dave (6), las vincula a metodologías del aprendizaje en ciencias biomédicas descritas por Peyton (7), Kovacs (8) y Guinez-Molinos y col. (9), que tienen su fundamento en el desarrollo de habilidades con situaciones, entornos y elementos lo más parecidos posible a la futura realidad de trabajo (aprendizaje basado en simulación), también revisadas por Cook y colaboradores (10). Finalmente, se apoya en la elaboración de listas de control o checklists aportadas por Riesenberg y col. (11) y en estrategias de alimentación descritas por Ramaprasad (12, 13) y Bogart (14).

©MEDITHA ha sido aplicada durante cinco cursos académicos (2015-2020) en talleres de procedimientos complejos que desarrollan habilidades psicomotrices finas (con simuladores hápticos y 3D) en las asignaturas de Prótesis Dental, Odontopediatría, Introducción a la Clínica Odontológica, Biomateriales y Odontología Restauradora en la titulación de Odontología de la Universidad Europea.

En la actualidad, la metodología también se aplica en programas avanzados de formación para instructores de simulación que incluye a docentes de Medicina, Enfermería, Psicología, Odontología, Fisioterapia, Fonoaudilogía y Nutrición en España y América Latina.

Al darle difusión en este manual, ©MEDITHA queda a disposición de toda la comunidad educativa.

CONCEPTOS DE PARTIDA

©MEDITHA toma en cuenta dos elementos estrechamente vinculados entre sí: la **experticia del aprendiz** y la **dificultad de la tarea a realizar**, centrándose en el saber hacer (Figura 1).

Figura 1. Ámbito y elementos en consideración para el diseño.

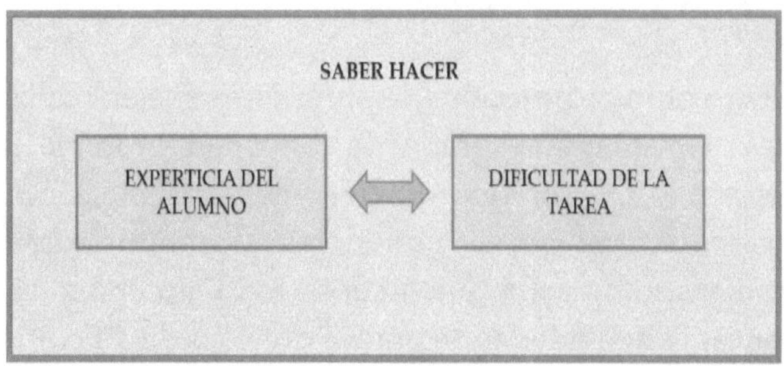

La <u>experticia del alumno que necesita aprender a hacer una habilidad</u> se clasifica en tres niveles:

- <u>Experticia baja</u>: El alumno no sabe hacer la habilidad (Ej: El alumno que nunca ha hecho una tortilla de patatas).

- <u>Experticia media</u>: El alumno no sabe hacer de modo automático o autónomamente, aunque haya realizado antes la habilidad -u otra muy similar- con asistencia (Ej: El alumno que ha hecho una tortilla de patatas siguiendo un tutorial de YouTube).

- <u>Experticia alta</u>: El alumno sabe hacer de modo automático y autónomamente, pero necesita añadir un nuevo patrón de habilidad (Ej: El alumno que ha hecho varias veces una tortilla de patatas de forma autónoma, pero requiere dominar diferentes formas de hacer o variantes de la tortilla de patatas: española, campera, con setas, pastel de tortilla de patatas…).

Durante su formación, los aprendices suelen realizar tareas con diferente grado de dificultad. Aunque los programas evitan, oportunamente, la asignación de tareas con curvas de aprendizaje pronunciadas a estudiantes no experimentados, todo aprendiz está expuesto a actividades de grados diversos de dificultad.

©MEDITHA establece que los <u>grados de dificultad</u>

de la tarea o habilidad a desarrollar contemplan la complejidad técnica, organizativa o tecnológica de la misma. Se establece según el criterio del profesor y se clasifica en:

- Tarea de baja dificultad: Cuando se trata de habilidades fáciles, con fines de aprendizaje muy concretos, que involucran procesos organizacionales con poca y sencilla logística material y de recursos humanos y se vinculan con elementos físicos o dispositivos tecnológicos de gestión rápida e intuitiva. (Ej: Hacer una tortilla francesa -solo con huevos y sal- en un dispositivo de microonda para tortillas rápidas).

- Tarea de media dificultad: Cuando se trata de habilidades más complejas, con fines de aprendizajes múltiples, con logística material y de recursos humanos, que entraña una mayor organización en tiempo, con necesidad de personal de apoyo y se vincula con elementos físicos o dispositivos tecnológicos no intuitivos cuya gestión merece un mayor esfuerzo cognitivo y psicomotor por parte del aprendiz. (Ej: Hacer una tortilla española -huevos, patatas, cebolla- en una cocina de gas).

- Tarea de alta dificultad: Cuando se trata de habilidades muy complejas, con fines de aprendizaje múltiples, de difícil consecución cognitiva y psicomotriz, con gran logística material y de recursos humanos y se vincula con elementos físicos o dispositivos tecnológicos cuya gestión entraña una capacitación sobreañadida. (Ej: Hacer una tortilla española de patatas gigante usando una cocina eléctrica de última generación para inscribirla como récord en el libro Guinness).

La confluencia de la experticia del aprendiz y de la actividad que debe desarrollar genera la siguiente matriz que permite catalogar tres zonas del aprendizaje experiencial donde la herramienta ©MEDITHA es más efectiva (Figura 2).

Figura 2. Matriz de las zonas de aprendizaje en ©MEDITHA

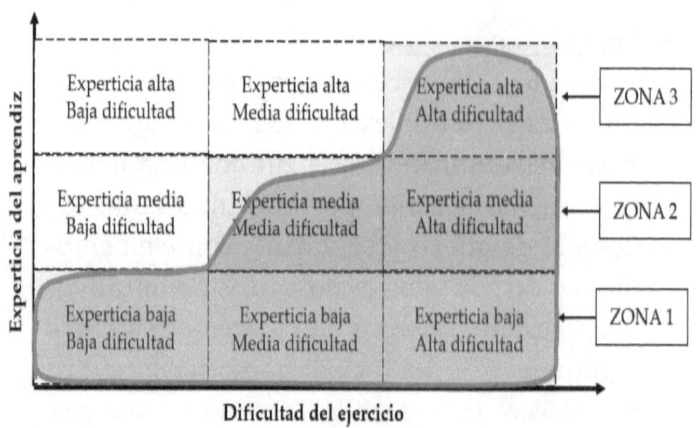

La matriz ©MEDITHA describe las siguientes zonas para el aprendizaje de habilidades:

ZONA 1: Alumnos de **experticia baja** frente a **tareas de baja, media y alta dificultad**.

ZONA 2: Alumnos de **experticia media** frente a **tareas de media y alta dificultad**.

ZONA 3: Alumnos de **experticia alta** frente a **tareas de alta dificultad**.

Para cada zona, ©MEDITHA establece un modelo de diseño que se organiza por etapas: **definición de objetivos** que orienten las habilidades a desarrollar y describan las formas generales y específicas de realizarlas por estaciones[1] o momentos. El **diseño de checklists** a partir de la deconstrucción de los objetivos específicos en descriptores ordenados, para ejecutar en las estaciones o momentos que se diseñen. El **briefing** o información previa sobre la habilidad, el **desarrollo de la habilidad** como parte de un entrenamiento simulado para grupos numerosos, que toma en cuenta los recursos humanos y materiales y distribuye los aprendices por estaciones para la realización repetida de ejercicios (varias sesiones) con la debida **alimentación (feeds)** por parte de instructores, expertos y los propios participantes.

---

[1] Entornos de aprendizaje donde el estudiante debe realizar una habilidad de forma individual o en equipo, que comprende desde un mobiliario (sillas, mesas, recursos digitales, electrónicos, etc.) hasta un espacio abierto u online donde reunirse.

¿CÓMO REDACTAR OBJETIVOS?

El trabajo con objetivos es la antesala del diseño ©MEDITHA.

Tratándose de aprendizajes experienciales, los objetivos describirán procesos del `saber hacer´. Planteados desde el punto de vista del alumno, los objetivos funcionarán como indicadores del desarrollo de habilidades intelectuales, destrezas manuales o su conjunto.

©MEDITHA preconiza el **planteamiento de un objetivo general** estrechamente vinculado al nombre del taller. Y **objetivos específicos** estrechamente vinculados a las estaciones o momentos de ejecución.

La selección de los verbos puede ampararse en las variantes de verbos en infinitivo que aportan las diferentes taxonomías (Bloom, Dave) recordando que las tareas de índole experiencial son más ejecutivas y merecen infitivos orientados a la acción o puesta en práctica de conocimiento.

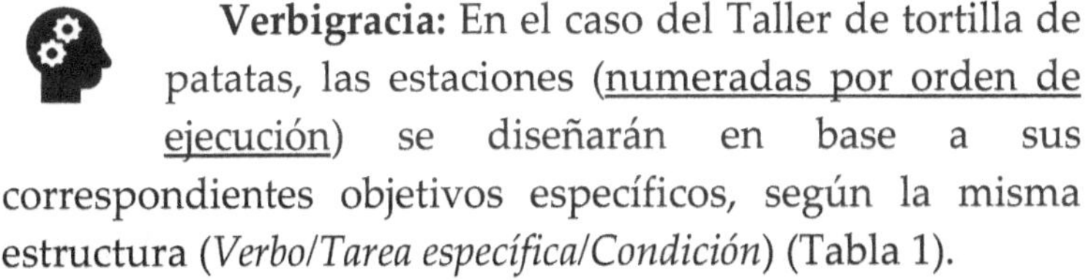 **Verbigracia:** Para un Taller de tortilla de patatas (en el nombre primarán los sustantivos y adjetivos esenciales mínimos) se diseñará un objetivo general al estilo `Hacer /una tortilla de patatas/ en una sartén´. Esta estructura (*Verbo/Tarea específica/Condición*) resulta sencilla y cómoda de redactar y entender.

A su vez, el objetivo general será deconstruido en <u>objetivos específicos que se vincularán a estaciones o momentos</u> donde los alumnos realizarán la habilidad y la repetirán *n* veces.

Verbigracia: En el caso del Taller de tortilla de patatas, las estaciones (<u>numeradas por orden de ejecución</u>) se diseñarán en base a sus correspondientes objetivos específicos, según la misma estructura (*Verbo/Tarea específica/Condición*) (Tabla 1).

Tabla 1. Diseño de estaciones con objetivos específicos.

Número de estación	Nombre de la estación	Objetivo de la estación (Según estructura: *Verbo/Tarea específica/Condición*)
1	Pelado y cortado	Pelar tres patatas con cuchillo. Cortar tres patatas con cuchillo. Pelar una cebolla con cuchillo. Cortar una cebolla con cuchillo
2	Rehogado y freído	Rehogar toda la cebolla en sartén sobre hornilla eléctrica. Freír toda la patata en sartén sobre hornilla eléctrica.
3	Batido de los huevos	Romper tres huevos con tenedor. Batir tres huevos con batidora eléctrica de mano.

En las estaciones deben realizarse ejercicios que puedan cerrar un ciclo en sí mismos. Es decir, ejercicios que sean conceptual y logísticamente independientes de los que se realicen en otras estaciones y esto lo define la certera definición de los objetivos específicos o de estación.

Verbigracia: Obsérvese, en la Tabla 1, la autonomía de habilidad que existe en la Estación 1 (trabajo con cuchillo) en relación con la Estación 2 (trabajo con aceite) y cómo, al no mezclarse una con la otra, se favorece el cumplimiento fácil y organizado (conceptual y logístico) de los objetivos trazados.

Complejidad de los objetivos:

La complejidad de los objetivos es un término difícil de catalogar. Muchas veces está más condicionado por la experticia del aprendiz que por la dificultad del objetivo en sí (para un aprendiz con experticia baja, un objetivo en apariencia simple puede no serlo).

©MEDITHA preconiza que el objetivo general sea complejo, en tanto único y abarcador (desarrollar una serie de habilidades). Mientras que los objetivos específicos (habilidades desglosadas) serán más sencillos en sí mismos.

En ©MEDITHA se parte del supuesto de que los objetivos específicos se elaboran de la manera más simple posible (siendo, en todos los casos, el desglose de una actividad general). Para clasificarlos, según complejidad, se aplicarán los mismos criterios usados para calificar el grado de dificultad de la tarea o habilidad descrito anteriormente.

Así, un objetivo específico de estación podrá ser calificado de alta, media o baja complejidad en relación con la complejidad técnica, organizativa o tecnológica de la habilidad que deba realizar el aprendiz y esta clasificación se establecerá según el criterio del profesor.

¿CÓMO DISEÑAR CHECKLISTS?

Los checklists, también llamados listas de control, de chequeo o verificación, resultan un método sencillo, ordenado y sistemático que funciona como ayuda cognitiva, guía, registro de acción o de evaluación en los talleres de habilidades. Una herramienta que enfoca la atención en puntos críticos y ahorra tiempo.

Con frecuencia, los checklists suelen ser utilizados para hacer y confirmar (como registros de acción) o para leer y hacer (como guía cognitiva).

 **Verbigracia:** Los checklists más comunes reproducen un formato de cuadro o tabla con dos entradas (Tabla 2).

Tabla 2. Formato de un checklist

Descriptores	Escalas de clasificación		
	Sí	**Parcial**	**No**
Pela la patata			
Corta la patata			

Los **descriptores** (en columna extrema exterior, derecha o izquierda) se identifican con los elementos, pasos o actividades a desarrollar por el aprendiz en las estaciones. Su enunciado debe ser el más sencillo posible, describiendo la acción y se sugiere que enfocados, cada uno, en una sola actividad (medir una acción por descriptor).

Las **escalas de clasificación** (fila superior, a la derecha o izquierda) pueden contener desde una casilla única de verificación -para confirmar, mediante marcado, la realización de los pasos de cada descriptor de la habilidad-, hasta escalas nominales -de Sí/No/Parcial para verificar si realiza, no realiza, o realiza parcialmente la habilidad-, llegando en ocasiones a convertirse en instrumentos más minuciosos, cercanos a las rúbricas, cuando se vinculan a escalas Likerts o pormenorizan las diferentes variantes cualitativas de la realización de una acción.

A las rúbricas (estas con bibliografía más abundante), ©MEDITHA prefiere los listados de verificación. Los checklists resultan más útiles en la evaluación formativa de los procesos, que es la razón de ser de esta metodología.

Aun cuando los procesos se complejizan cuando la dificultad de las tareas es alta, ©MEDITHA preconiza trabajar los descriptores haciéndolos lo más simples posible. Cuando la experticia del alumno es mayor, los descriptores pueden ser más rigurosos (más analíticos y minuciosos) en la verificación de detalles.

Verbigracia: Un descriptor global (menos minucioso), podría ser: *Pela la patata.*

Un descriptor más riguroso podría ser *Pela la patata en sentido longitudinal.* Este último descriptor verifica la realización de la habilidad de una forma más compleja (corte longitudinal no contemplado en el descriptor menos minucioso).

Es importante señalar que los checklists no son herramientas que puedan prevenir todos los errores, pero son indispensables en actividades repetitivas o rutinarias que tengan cierto nivel de complejidad, que sean desconocidas (cuando son ejecutadas por estudiantes con experticias bajas) o que, aun siendo sencillas, el volumen de acciones a desarrollar exceda la capacidad de recordar del aprendiz y del instructor.

Las listas de verificación también permiten estandarizar procesos de formación (entrenar en base a un patrón o modo de hacer una habilidad), lo que ayuda a pulir y consolidar estrategias de enseñanza más y mejor testeadas, ahorrando tiempo y subjetividad en el aprendizaje experiencial.

Características de los checklists en ©MEDITHA

- Formato que quepa, preferentemente, en una sola página.
- No deben exceder los 10 descriptores por habilidad.
- Deben ser claros, concretos y cortos, de fácil redacción para facilitar su lectura por parte de

usuarios no expertos, para que su interpretación interfiera lo menos posible con el curso de la habilidad.

- Cada descriptor debe estar específicamente centrado en una tarea.
- Cada descriptor debe significar una progresión ordenada de la habilidad específica, (deconstruida en pasos), evitando que el aprendiz pueda saltarse pasos.
- Cada descriptor puede y debe ser parte de una acción vinculada a otra acción posterior.
- Cada descriptor debe estar centrado en aspectos críticos del proceso o de la habilidad.
- Un checklist no debe pretender abarcarlo todo.

©MEDITHA preconiza utilizar los checklist desde el primer momento, darlos a conocer desde el briefing mediato y que los alumnos se familiaricen con ellos, aún cuando se utilicen como herramientas de evaluación sumativa.

El diseño de checklists debe estar complementado por el testeo, previa aplicación, y el reajuste de los mismos en la medida en que se estandarice su uso y se actualice el conocimiento. ©MEDITHA ofrece indicaciones precisas y breves para la generación e instrumentalización por parte del instructor, pero la participación de paneles de expertos y psicometristas en su construcción y validación son esenciales para contar con una herramienta ajustada, válida y fiable.

DIDÁCTICA POR ETAPAS

©MEDITHA resume las acciones didácticas por etapas de diseño (Tablas 3a, b, c, d, e).

Tabla 3a. Definición de objetivos

Definición	Funciones didácticas
Descripción explícita de lo que el alumno debe saber hacer, planteado desde el punto de vista del alumno. Definición de un objetivo general por habilidad. Definición de objetivos específicos por estaciones (deconstrucción del objetivo general). Utilizar la estructura *Verbo/Tarea/Condición*.	Redactar objetivos orientados a la acción, centrados en la tarea y que describan brevemente la condición mínima indispensable, orienta de modo fácil y rápido a los alumnos e instructores sobre qué se debe hacer y de qué forma.

Tabla 3b. Diseño de checklists

Definición	Funciones didácticas
Herramientas creadas para comprobar el cumplimiento de una serie de requisitos en una habilidad. Consiste en un cuadro de doble entrada en el que coinciden los descriptores (en columna exterior) con una escala de clasificación (fila superior).	Listan de forma breve y organizada la serie de pasos que dan cumplimiento a una tarea con el fin de no olvidar ningún elemento y realizar una verificación del desempeño y del orden de realización. Los descriptores (ítems de los checklists) son la deconstrucción secuencial de los objetivos específicos de las estaciones. El nivel de minuciosidad y profundización de los descriptores y la pormenorización de las escalas (categóricas, ordinales, nominales, de progresión) dependerán del nivel de experticia del aprendiz.

Tabla 3c. Briefing (mediato e inmediato)

Definición	Funciones didácticas
Aportación o recogida de información previa, mediata (semanas antes) o inmediata (minutos antes) sobre la tarea a realizar.	La información previa reduce la dificultad de la tarea a realizar. Es más necesaria y debe ser más minuciosa la información en los alumnos de experticia baja.

Tabla 3d. Desarrollo de la habilidad.

Definición	Funciones didácticas
Ejecución de la habilidad por parte del aprendiz con el seguimiento del instructor.	Procura que el aprendiz transite desde un nivel de experticia baja hasta un desempeño maestro, teniendo en cuenta la complejidad de la tarea.

Tabla 3e. Feeds

Definición	Funciones didácticas
Información sobre la brecha existente entre lo que hace el aprendiz y lo que debería hacer. Existen tres tipos: Feedback: Información sobre la brecha según una medida de referencia o un patrón. Puede ser de producto (al final de cada acción) o de proceso (a la par que se realiza la acción). Feedforward: Información sobre el avance que se debería tener para mejorar el hacer la próxima sesión. Entendido como una prealimentación (del instructor, entre pares o de grupo) sobre lo que se debería mejorar de cara al hacer futuro. Feedwithin: Puntos de vistas que sólo se observan desde la dinámica del grupo. Son los ′secretos′ del grupo que aprende. Se entiende como una inteligencia interna o de grupo y como una alimentación interna.	Orientar el rendimiento del alumno. El feedback permite reajustar el rendimiento de acuerdo con la información recibida y está en correspondencia con la acción. El feedforward permite pronosticar tendencias y ajustar el rendimiento en base a una previsión. El feedwithin permite monitorizar situaciones y procesos internos de la acción. Es útil, en tanto aportación de otro aprendiz. En muchos casos la aportación de un igual tiene riquezas y detalles que no puede aportar el instructor. De acuerdo con el tiempo en que se realicen estas tres alimentaciones pueden ser de proceso (a medida que se realiza la habilidad) o de producto (una vez concluida la habilidad o parte dé esta).

DIDÁCTICA POR ZONAS

©MEDITHA pormenoriza sus estándares de actuación en base a tres zonas de aprendizaje.

Estrategia aplicable en los talleres de habilidades de un alumno o grupos de alumnos con instructor.

A continuación, se desglosan, resumidas, las acciones a realizar por etapas y su justificación didáctica en cada caso, de acuerdo a las zonas de aprendizaje.

ALUMNOS DE EXPERTICIA BAJA FRENTE A TAREAS DE BAJA, MEDIA Y ALTA DIFICULTAD (ZONA 1)

DEFINICIÓN DE OBJETIVOS:

Acciones:
- Plantear objetivos concretos, simples, poco numerosos y adecuados a la experticia baja.
- Enfocar los objetivos a un solo patrón de habilidad.
- Utilizar el modelo *verbo/tarea específica/condición*.

Justificación didáctica:
- La experticia baja merece objetivos sencillos, aunque esto suponga multiplicar estaciones y sesiones de desempeño.
- La orientación hacia un solo patrón de habilidad (una sola manera de hacer) intenta limitar el número de objetivos, evitando que estos se hagan numerosos si se contemplan las diferentes variantes de realizar una tarea.
- Se promueve el aprendizaje del patrón de habilidad más básico para limitar también el número de objetivos.

DISEÑO DE CHECKLISTS:

Acciones:
- Elaborar descriptores de construcción sencilla, acorde con los niveles imitativos y asociativos de la experticia baja.

- Elaborar descriptores globales, poco minuciosos.
- Elaborar descriptores de acuerdo con el orden de ejecución.
- Vincular los descriptores a escalas categóricas (*Sí/No/Parcial*) que verifiquen el cumplimiento de la habilidad.

JUSTIFICACIÓN DIDÁCTICA:

- El checklist será un instrumento de verificación y ayuda cognitiva en la realización de la habilidad.
- Los descriptores se originarán de la deconstrucción del objetivo específico de cada sesión o estación.
- Los descriptores ordenados de acuerdo con la secuencia de ejecución favorecen la adquisición del automatismo.
- Los descriptores globales promueven la realización de habilidades simples cuando no existe la experticia necesaria para habilidades minuciosas y no se puede evaluar el detalle.
- Las escalas categóricas o nominales que verifican apenas el cumplimiento total o parcial o el no cumplimiento de la habilidad son, por lo mismo, más idóneas que las rúbricas que verifican los procesos con mayor rigurosidad y, con frecuencia, entorpecen la acción.

BRIEFING MEDIATO:

Acciones:
- Aportar o indicar la búsqueda de información previa sobre el patrón de la habilidad.
- Realizar pretests u otras dinámicas evaluativas previas.

- Realizar ejercicios de familiarización o ensayar rutinas cercanas al patrón de habilidad.

Justificación didáctica:

- Plantear un modelo o patrón (único), con información concreta y el suficiente tiempo de antelación, cuando la experticia es baja, reduce la dificultad de la ejecución porque concede experiencia cognitiva previa.
- Las pruebas evaluativas previas permiten obtener un diagnóstico del estado cognitivo del alumno y estimularlo a estudiar.
- Cuando la dificultad del ejercicio es alta puede no bastar con la información teórica y se necesitarán ejercicios experienciales previos de toma de contacto (familiarización) con los elementos más críticos de la habilidad.

BRIEFING INMEDIATO:

Acciones:

- Informar objetivos

Enunciación de aspectos organizativos:

- Orientar el entorno de aprendizaje (dónde se desarrollará la habilidad).
- Comentar tiempos, estaciones y dinámicas de trabajo según complejidad: orden de rotación, uso de material, número de repeticiones, alumnos por estación (ver Organización).
- Recopilar evidencias de aprendizaje o evaluar niveles de aprendizajes previos.

Demostración:

- Hacer una demostración *in situ* de la maniobra.
- Manejo de diferentes velocidades de ejecución

durante la demostración.

- Combinación de ejecuciones comentadas -por el profesor, por los alumnos- o sin comentarios.
- Enfatizar verbalmente los puntos generales y críticos de la ejecución.
- Utilizar herramientas gráficas, audiovisuales o digitales y elementos de magnificación que permitan mostrar, de la mejor manera, el patrón de referencia de la habilidad.

Justificación didáctica:

- Detallar los aspectos generales y críticos del patrón de habilidad seleccionado, de manera que esté disponible para la memoria y la ejecución a corto plazo, favorece la ejecución.

ORGANIZACIÓN:

Acciones:

- Estaciones numerosas.
- Multiplicar (duplicar, triplicar) las estaciones complejas.
- Pocos alumnos por estación, pudiendo llegar a disponer de una estación por alumno.
- Favorable relación instructor/alumno.

Justificación didáctica:

- El alumno de experticia baja necesita más logística y recursos durante las primeras fases asociativas, imitativas y no automatizadas de su aprendizaje, porque necesita trabajar más tiempo, desarrollar más rutinas en primera persona (aprendizaje significativo) y mayor seguimiento.

DESARROLLO DE LA HABILIDAD:

Acciones:
- Poca velocidad.
- Mucha repetición.
- Muchas sesiones.
- Más tiempo por alumno.

Justificación didáctica:
- El alumno de experticia baja necesita más repetición y tiempo durante las fases asociativas, imitativas y no automatizadas de su aprendizaje.
- Estas necesidades se intensifican en los ejercicios de dificultad media y alta.

FEEDS:

Acciones:
- Feedback continuo (de proceso) en tiempo real.
- Feedback de producto.
- Feedwithin controlado.
- Feedforward explícito del instructor.

Justificación didáctica:
- El alumno de experticia baja necesita más acompañamiento, evaluación de proceso, de producto y de prospectiva (prealimentación), durante las fases asociativas, imitativas y no automatizadas de su aprendizaje.
- El feed interno de unos alumnos con otros debe ser controlado porque les falta experticia y puede suponer errores.
- Estas condiciones se intensifican en los ejercicios de dificultad media y alta.

ALUMNOS DE EXPERTICIA MEDIA FRENTE A TAREAS DE MEDIA Y ALTA DIFICULTAD (ZONA 2)

DEFINICIÓN DE OBJETIVOS:

Acciones:

- Plantear objetivos adecuados a la experticia media.
- Utilizar el modelo *verbo/tarea específica/condición*.

Justificación didáctica:

- Los objetivos pueden ser más numerosos, lo que muchas veces supone fusionar estaciones y sesiones de desempeño.
- Pueden combinarse objetivos de más complejidad con objetivos simples.

DISEÑO DE CHECKLIST

Acciones:

- Elaborar descriptores específicos, acordes con los niveles automáticos y autónomos del aprendizaje experiencial.
- Elaborar descriptores que refieran los procesos de acuerdo con el orden de ejecución.
- Vincular los descriptores a escalas categóricas (*Sí/No/Parcial*).
- Puede medirse el tiempo de realización.

Justificación didáctica:

- El checklist será un instrumento de verificación y

ayuda cognitiva, enfatizándose lo primero a detrimento de lo segundo en la medida en que se aprenda por repetición.

- Los descriptores serán la deconstrucción del objetivo específico de cada estación.
- Los descriptores ordenados de acuerdo con la secuencia de ejecución favorecen la adquisición del automatismo.
- Las escalas categóricas o nominales que verifican apenas el cumplimiento total o parcial o el no cumplimiento de la habilidad son más idóneas porque facilitan el seguimiento al ser más sencillas.
- El alumno debe ir ganado rapidez de ejecución en la medida que repite el ejercicio.

BRIEFING MEDIATO

Acciones:
- Información indispensable para tareas de media dificultad.
- Información más detallada para tareas de dificultad alta.
- Realizar prácticas evaluativas previas.

Justificación didáctica:
- Los alumnos de experticia media suelen haber realizado la habilidad u otra similar en sesiones anteriores y esto les aporta experiencia de valor.
- El briefing mediato se reservará para aquellas prácticas de alta dificultad y puede basarse en información muy concreta o evaluaciones previas individuales o de grupo, como refuerzos cognitivos.
- Las evaluaciones previas ofrecen un diagnóstico

del nivel de aprendizaje de los alumnos y los estimulan a estudiar.

BREIFING INMEDIATO

Acciones:
• Informar objetivos

<u>Enunciación de aspectos organizativos</u>:
• Orientar el entorno.
• Comentar tiempos, estaciones y dinámicas de trabajo según complejidad: orden de rotación, uso de material, número de repeticiones, alumnos por estación (ver Organización).
• Evaluar niveles de aprendizajes previos.

<u>Demostración</u>:
• Puede ser *in situ*, a distancia o utilizando recursos audiovisuales como vídeos.
• Identificar o rememorar verbalmente los puntos críticos de la ejecución durante la demostración.
• Utilizar herramientas gráficas, audiovisuales o digitales y elementos de magnificación que permitan mostrar, de la mejor manera, los puntos críticos.

Justificación didáctica:
• Reforzar los aspectos críticos del patrón de habilidad seleccionado, de manera que esté disponible para la memoria y la ejecución a corto plazo, facilita la ejecución.
• Puede no ser necesaria la demostración cuando se trate de entrenar habilidades ya aprendidas en sesiones anteriores (ver ZONA 1).

ORGANIZACIÓN

Acciones:

- Estaciones numerosas o según necesidad.
- Menor necesidad de multiplicar (duplicar, triplicar) las estaciones complejas.
- Varios alumnos por estación, pudiendo llegar a no necesitar una estación por alumno.
- Menos instructores por alumnos.

Justificación didáctica:

- El alumno de experticia media necesita menos logística y recursos para una habilidad de dificultad media.
- Incluso para una habilidad de dificultad alta su necesidad de recursos tampoco será excesiva, ya que se encuentra en la etapa de automatización y su ganancia de autonomía le permitirá resolver las situaciones por sí mismo, desde un enfoque más creativo y efectivo.
- Debido a la necesidad de ejercitarse autónomamente de forma repetida las estaciones pueden ser todavía numerosas.
- El alumno es más autónomo y necesita menos al instructor.

DESARROLLO DE LA HABILIDAD

Acciones:

- Mayor velocidad a medida que progresa.
- Poca repetición o según progreso individual.
- Pocas sesiones.
- Menos tiempo por alumno.

Justificación didáctica:

- El alumno de experticia media desarrollará más velocidad a medida que realice la habilidad, por lo que necesitará menos tiempo, y cada vez menos repeticiones o sesiones, o las mismas estarán sujetas a su progreso individual.

FEEDS

Acciones:

- Menos feedback en tiempo real (de proceso).
- Mucho feedback de producto.
- Mucho feedwhitin.
- Feedforward del instructor.

Justificación didáctica:

- El alumno de experticia media necesita menos acompañamiento, más feedback de producto (si la dificultad del ejercicio es alta el feedback en tiempo real no tiene que ser continuo).
- El feed prospectivo del instructor sigue siendo necesario, mientras que el feed interno entre unos y otros aprendices suele ser productivo y necesario.

ALUMNOS DE EXPERTICIA ALTA FRENTE A TAREAS DE ALTA DIFICULTAD
(ZONA 3)

DEFINICIÓN DE OBJETIVOS

Acciones:
- Plantear objetivos adecuados a los niveles de desempeño maestro.
- Utilizar el modelo *verbo/tarea específica/condición*.

Justificación didáctica:
- Los objetivos pueden ser numerosos, lo que reduce el número de estaciones.
- Pueden asociarse varios objetivos complejos.

DISEÑO DE CHECKLIST

Acciones:
- Elaborar prescriptores más específicos y minuciosos, acorde con los niveles de experticia alta.
- Pueden elaborarse rúbricas que contemplen las múltiples variables del cumplimiento de la habilidad.

Justificación didáctica:
- El checklist será un instrumento de verificación (hacer y confirmar), pudiendo ser utilizado para la medición y evaluación, salvo en aquellos casos donde la habilidad es desconocida por lo novedosa

o conlleva un volumen elevado de nuevos procesos (donde volverá a funcionar como guía cognitiva).
- Los descriptores más minuciosos entrenan en el logro de los detalles y una mejor experticia.
- En algunos casos el uso del checklist puede no ser adecuado (los descriptores generales son insuficientes y los más específicos y minuciosos no cumplen una labor evaluativa detallista). Entonces los checklists pueden ser sustituidos por rúbricas.

BRIEFING MEDIATO

Acciones:
- Información indispensable.

Justificación didáctica:
- El briefing mediato se reservará para aquellas prácticas de muy alta dificultad y puede basarse en información muy concreta o no hacerse.

BRIEFING INMEDIATO

Acciones:
- Informar objetivos
  Enunciación de aspectos organizativos:
- Orientar el entorno.
- Comentar tiempos, estaciones y dinámicas de trabajo según complejidad: orden de rotación, uso de material, número de repeticiones, alumnos por estación (ver Organización).
  Demostración:
- Identificar verbal y gráficamente los puntos críticos de la ejecución.
- Utilizar herramientas gráficas, audiovisuales o digitales y elementos de magnificación que

permitan mostrar, de la mejor manera, los puntos críticos.

Justificación didáctica:

- Establecer el patrón o los patrones de habilidad seleccionados a partir de los aspectos críticos de la ejecución.
- El alumno de experticia alta tiende a asimilar rápidamente los aspectos críticos del saber hacer después de observar la demostración. El ejercicio demostrativo pormenorizado facilita el desarrollo de la habilidad.

ORGANIZACIÓN

Acciones:

- Pocas estaciones.
- Pocas sesiones.
- Varios alumnos por estación.
- Pocos instructores por alumnos, pudiendo haber un solo instructor por varias estaciones.

Justificación didáctica:

- El alumno de experticia alta necesita pocos recursos para desarrollar una habilidad, por difícil que sea. Su aprendizaje no conllevará excesivo gasto de materiales o personal.

DESARROLLO DE LA HABILIDAD

Acciones:

- Mucha velocidad.
- Poca repetición.

- Pocas sesiones
- Poco tiempo por alumno

Justificación didáctica:

- A menos que la habilidad sea completamente nueva o esté alejada del patrón que domina, el alumno de experticia alta puede aprender rápidamente, con pocas sesiones y repeticiones, en poco tiempo.

FEEDS

Acciones:

- Poco feedback en tiempo real (de proceso).
- Poco feedback de producto.
- Mucho feedwhitin.
- Feedforward grupal.

Justificación didáctica:

- El alumno de experticia alta necesita feedback de proceso y producto precisos y breves. El feed interno entre unos y otros aprendices suele ser la alimentación más productiva, así como el feedforward grupal, que aprovechará la experiencia de los participantes.

EL ARTE DE ALIMENTAR

©MEDITHA apuesta por el aprendizaje supervisado por instructor en un entorno en el que confluyen el autoaprendizaje y el aprendizaje colaborativo. Y donde el éxito de las modalidades está muy sujeto a la habilidad de comunicar del profesor.

©MEDITHA relaciona, conceptualmente, la acción de ´enseñar´ con la de `alimentar´. Y enfatiza, como juicio de valor, que alimentar es un arte.

Con frecuencia, un profesor experto sabe indicar y acompañar el aprendizaje de sus alumnos. Pero también, con frecuencia, al experto le cuesta instruir en tiempo real. Y durante el proceso, y/o al final de la ejecución de la habilidad, su alimentación puede ser insuficiente, escueta o basarse en la simple enunciación numérica (la nota) de una evolución. Esto último representa un problema para el aprendizaje significativo.

El instructor debe tener conciencia de que la alimentación más rica es la cualitativa y que usar parámetros cuantitativos (las notas o calificaciones históricas) resulta una solución expedita que puede generar una importante incomunicación sobre el aprendizaje real.

Es importante saber que la amonestación o el estímulo no resultan una alimentación significativa. Y que la información sobre la brecha sólo es efectiva cuando el alumno la utiliza para reducir la distancia entre lo que sabe y no sabe cómo hacer. O cuando la utiliza para reforzar una habilidad bien realizada.

A la vez, es básico proporcionar alimentación de entrada (la primera alimentación es el briefing), alimentación de proceso, en tiempo real, en base al error y/o en base al éxito conseguido por el aprendiz durante la habilidad. También se debe procurar la alimentación de salida, producto o resumen.

El instructor debe manejar con pericia las variantes de alimentación descritas (Tabla 3e): El feedback -como recurso del instructor y de los alumnos-, en diferentes momentos del ejercicio. La manifestación controlada del feedwhitin como colaboración entre alumnos que aprenden (aquellas indicaciones y visiones que se comparten y se conocen mejor desde los zapatos del aprendiz).

Y proporcionar u orientar la manifestación grupal del feedforward, que permitirá a los aprendices tener un juicio de progresión sobre su propio trabajo y generar un plan de acción para gestionar los cambios que se necesiten en futuros entrenamientos.

Al cierre de la habilidad, el instructor puede proponer una estrategia de puesta en común, en la que todos estos tipos de alimentación encuentren expresión grupal y propicien el reconocimiento de los puntos críticos que quedan por mejorar en el aprendizaje.

En todo este proceso, el uso adecuado de las herramientas de verificación (checklists), por parte del profesor y los alumnos, tendrá una función destacada.

Estas condiciones de la alimentación son todavía más

necesarias cuando el número de aprendices es alto[2], la experticia del alumno es baja o la habilidad a desarrollar es compleja.

La mejor manera de sortear tales dificultades es la habilidad didáctica del instructor.

---

[2] ©MEDITHA no impone cifras cerradas de alumnos por estación o instructor por ser tema no definido en la literatura, pero establece que tres (3) alumnos por profesor es una buena relación (óptima) para el aprendizaje de habilidades. En la medida en que se cuente con más de tres alumnos, la dificultad para el aprendizaje instruccional crece.

BIBLIOGRAFÍA CONSULTADA

1. Fitts PM, Posner MI. Learning and skilled performance in human performance. Belmont, CA: Brock-Cole; 1967.
2. Burch, Noel. "Four Stages for Learning Any New Skill or Four Stages of Competence were developed by Burch while working at Gordon Training International in the 1970s." (2014).
3. Ericcson KA. Deliberate practice and the acquisition and maintenance of expert performance in medicine and related domains. Academic medicine 2004; 79(10),570-581.
4. Adams J. A historical review and appraisal of research on the learning, retention and transfer of human motor skills. Psychol Bull. 1987; 101:41–47.
5. Bloom B., et Al. (1956) Taxonomy of Educational Objectives, Handbook I: The Cognitive Domain. David McKay. New York.
6. Dave, R.H. (1970) Developing and Writing Behavioral Objectives. Educational Innovators Press. Arizona.
7. Peyton JWR. Teaching & learning in medical practice. Manticore Europe Limited; 1998.
8. Kovacs G. Procedural skills in medicine: Linking theory with practice. J Emerg Med. 1997; 15:387–391.
9. Guinez-Molinos, S., Martínez-Molina, A., Gomar-Sancho, C., Arias Gonzalez, V. B., Szyld, D., Garcia

Garrido, E., & Maragano Lizama, P. (2017). A collaborative clinical simulation model for the development of competencies by medical students. *Medical teacher*, *39*(2), 195-202.

10. Cook DA, Hamstra SJ, Brydges R, et al. Comparative effectiveness of instructional design features in simulation-based education: Systematic review and metaanalysis. Med Teach. 2013; 35 : e867–e898.

11. Riesenberg LA, Berg K, Berg D, et al. The development of a validated checklist for nasogastric tube insertion: Preliminary results. Am J Med Qual. 2013; 28:429–433.

12. Ramaprasad A. The role of feedback in organizational change: A review and redefinition. Cybernetica 1979; 22:105-116.

13. Ramaprasad A. On the definition of feedback. Behavioral Science 1983; 28(1): 4-13

14. Bogart, Dodd H. "Feedback, feedforward, and feedwithin: strategic information in systems." Behavioral Science 25.4 (1980): 237-249.

15. Coro-Montanet, G. (2019). Cómo realizar talleres de habilidades complejos en simulación clínica con principios didácticos modernos. FEM: Revista de la Fundación Educación Médica, 22(2), 57-64.

ACERCA DE LA AUTORA

Gleyvis Coro Montanet (Pinar del Río, Cuba 1974).

Profesora de Universidad con 19 años de experiencia activa e ininterrumpida en docencia, gestión de recursos. Odontóloga. Ha sido profesora asistente en Universidad de Ciencias Médicas de Pinar del Río (Cuba), profesora adjunta en Universidad Europea (España). Ha colaborado como profesora invitada e investigadora docente con las Universidades Autónoma de Madrid, Complutense de Madrid, Alfonso X El Sabio (España) y Universidad de Valparaíso (Chile). Experta en integración curricular de nuevas tecnologías (Centro Universitario La Salle). Actualmente coordina proyecto de investigación sobre uso de nuevas tecnologías y la construcción de escenarios simulados e híbridos y su fidelidad para la mejora docente en ciencias de la salud, en Universidad Europea. Es Vocal de Comunicación de la Sociedad Española de Simulación Clínica y Seguridad del Paciente (SESSEP) desde 2017. Creadora y curadora de contenidos y especialista en formación de docentes en simulación clínica en la red de Universidades Laureate. Ha diseñado el programa de Simulación Avanzada y coordinado la innovación en los grupos docentes de Odontopediatría II y III, Restauradora II, Prótesis II, III, Pacientes Especiales, Emergencias, Pacientes Especiales, Biomateriales e Introducción a la Clínica.